Lekti Kreyòl

Kaye Evalyasyon

Modil Tès 1, 2, 3, 4, 5

Kopi Pwofesè

Wilson Douce

Lekti Kreyòl Kaye Evalyasyon Kopi Pwofesè
By Wilson Douce

© Copyright Wilson Douce 2021
ISBN: 978-1-956241-08-2
Paperback

Illustration: Anya Cartwright

Sa ki nan Kaye Evalyasyon Kopi Pwofesè a

Framework for the Five-chapter Assessment – English

The assessment of each of the five chapters will include the following:

1. Five reading excerpts with two questions each (a total of ten questions)
2. Two vocabulary questions/words for each chapter (a total of **ten** questions)
3. Two verb study for each chapter (a total of **ten** questions)
4. One pronunciation question for each chapter (a total of five questions)
5. Three true-or-false (Se vre oubyen Se pa vre) questions for every five chapters (a total of three questions)
6. One question on each mini dialogue (a total of five questions)
7. Three join-the-word-with-its-definition (mare mo ak definisyon) questions for every five chapters (a total of three questions)
8. One short essay/writing activity based on one of the five themes covered in the five texts in the five chapters.

Summary: Each assessment will have, approximately, a total of forty-six or forty-one questions and a short writing task, with a two-point weight for each question. The writing task has an eight-point or an eighteen-point weight. The total number of points is (46 x 2) + 8 = 100 points or (41 x 2) + 18 = 100 points.

Passing Grade: The passing grade from one module of five chapters to another is 85. Each grade is rounded to the nearest 10. A grade of 84.5 is rounded to 85. Thus, **Lekti Kreyòl** has five assessments that require a grade of 85 as a passing score.

Framework for the Five-chapter Assessment – Spanish/ Marco de referencia para la evaluación de 5 capítulos - Español

La evaluación cada 5 capítulos incluirá:

1. 5 extractos de lectura con 2 preguntas cada uno (un total de 10 preguntas).
2. Preguntas de vocabulario (palabras) para cada capítulo (un total de 10 preguntas).
3. Estudio de 2 verbos para cada capítulo (10 preguntas en total).
4. 1 pregunta de pronunciación para cada capítulo (5 preguntas en total).
5. 3 preguntas de verdadero o falso (Se vre oubyen Se pa vre) cada 5 capítulos (3 preguntas en total).
6. 1 pregunta para cada pequeño diálogo (5 preguntas en total).
7. 3 ejercicios de unir la palabra con su definición (mare mo ak definisyon) cada 5 capítulos (3 preguntas en total).
8. Una actividad breve de ensayo / escritura basada en uno de los 5 temas cubiertos en los 5 textos de los 5 capítulos.

Resumen: cada evaluación tendrá aproximadamente un total de 46 o 41 preguntas y una breve tarea de redacción. Cada pregunta tiene un valor de 2 puntos y la tarea de escritura tiene un valor de 8 o 18 puntos. El número total de puntos es (46 x 2) + 8 = 100 puntos; o (41 x 2) + 18 = 100 puntos.

Calificación aprobatoria: la calificación aprobatoria de cada módulo de 5 capítulos — y que permite pasar a otro— es 85. Cada calificación se redondea a la decena más cercana (una calificación de 84.5 se redondea a 85). Por lo tanto, **Lekti Kreyòl** tiene 5 evaluaciones que requieren una calificación de 85 como puntaje de aprobación.

Framework for the Five-chapte Assessment - French Cadre d'évaluation en 5 chapitres - Français

L'évaluation de chaque groupe de 5 chapitres comprendra :

1. 5 extraits de lecture de 2 questions chacun (10 questions au total)
2. 2 questions de vocabulaire / mots pour chaque chapitre (10 questions au total)
3. Étude de 2 verbes pour chaque chapitre (10 questions au total)
4. 1 question de prononciation pour chaque chapitre (total 5 questions)
5. 3 questions Vrai ou Faux (Se vre oubyen Se pa vre) pour chaque 5 chapitres (total 3 questions)
6. 1 question de chaque mini-dialogue (5 questions au total)
7. 3 questions « joindre le mot à sa définition » (mare mo ak definisyon) pour chaque groupe de 5 chapitres (3 questions au total)
8. Un court essai / une activité d'écriture basé(e) sur l'un des 5 thèmes abordés dans les 5 textes des 5 chapitres.

Résumé : Chaque évaluation comprendra approximativement un total de 46 ou 41 questions et une courte tâche de rédaction. Chaque question a une valeur de 2 points et la tâche d'écriture a une valeur de 8 points ou de 18 points. Le nombre total de points est (46x2) + 8 = 100 points, ou (41x2) +18 = 100 points.

Note de passage : La note de passage d'un module de 5 chapitres à un autre est de 85. Chaque note est arrondie à la dizaine la plus proche. Une note de 84,5 est arrondie à 85. **Lekti Kreyòl** a donc 5 évaluations qui exigent une note de 85 comme note de passage.

Framework for the Five-chapter Assessment – Haitian Creole/ Kad pou Evalyasyon pa 5 Chapit - Kreyòl Ayisyen

Evalyasyon chak 5 chapit yo ap gen ladan:

1. 5 Ekstrè lekti ak 2 kesyon chak (total 10 kesyon)
2. 2 kesyon vokabilè mo pou chak chapit (total 10 kesyon)
3. 2 etid vèb pou chak chapit (total 10 kesyon)
4. 1 kesyon pwononsyasyon pou chak chapit (total 5 kesyon)
5. 3 Vrè oswa Fo (Se vre oubyen Se pa vre) kesyon pou chak 5 chapit (total 3 kesyon)
6. 1 kesyon nan chak mini dyalòg (total 5 kesyon)
7. 3 kesyon 'Mare mo a ak definisyon' pou chak 5 chapit (total 3 kesyon)
8. Yon ti redaksyon / aktivite ekri ki baze sou youn nan 5 tèm ki kouvri nan 5 tèks yo nan 5 chapit yo.

Rezime: Chak evalyasyon ap gen apeprè yon total de 46 oswa 41 kesyon ak yon aktivite ekriti kout. Chak kesyon gen yon pwa 2 pwen, ak aktivite ekriti a vo 8 pwen oswa 18 pwen. Kantite total pwen se (46x2) + 8 = 100 pwen; oswa (41x2) +18 = 100 pwen.

Nòt Pasaj: Nòt pasaj pou soti nan yon modil 5 chapit pou ale nan yon lòt se 85. Chak nòt awondi a dizèn ki pi pre a. Yon nòt 84.5 awondi a 85. Konsa, **Lekti Kreyòl** gen 5 evalyasyon ki egzizje 85 kòm nòt pasaj.

Framework for the Five-chapter Assessment – German/ Rahmen für 5 Kapitel-Bewertung - Deutsch

Die Bewertung von jeweils 5 Kapiteln umfasst:

1. 5 Leseauszüge mit jeweils 2 Fragen (insgesamt 10 Fragen)
2. 2 Vokabeln/Wörter für jedes Kapitel (insgesamt 10 Fragen)
3. 2 Verbstudien für jedes Kapitel (insgesamt 10 Fragen)
4. 1 Aussprachefrage für jedes Kapitel (insgesamt 5 Fragen)
5. 3 Richtig oder falsch (Se vre oubyen Se pa vre) Frage für jeweils 5 Kapitel (insgesamt 3 Fragen)
6. 1 Frage aus jedem Minidialog (insgesamt 5 Fragen)
7. 3 Fragen „Verbinde das Wort mit seiner Definition" (mare mo ak definisyon) für jeweils 5 Kapitel (insgesamt 3 Fragen)
8. Eine kurze Essay- /Schreibaktivität, die auf einem der 5 Themen basiert, die in den 5 Kurzgeschichten in den 5 Kapiteln behandelt werden.

Zusammenfassung: Jede Bewertung umfasst insgesamt 46 Fragen und eine kurze Schreibaufgabe. Jede Frage hat ein 2-Punkte-Gewicht und die Schreibaufgabe ein 8-Punkte-Gewicht. Die Gesamtzahl der Punkte beträgt (46x2) + 8 = 100 Punkte.

Bestandene Note: Die bestandene Note von einem Modul mit 5 Kapiteln zu einem anderen beträgt 85. Jede Note wird auf die nächste 10 gerundet. Eine Note von 84,5 wird auf 85 gerundet. **Lekti Kreyòl** hat also 5 Bewertungen, für die eine Note von 85 zum Bestehen erforderlich ist.

Modil Tès 1, Chapit 1-5

Seksyon 1 - Ekstrè Lekti avèk kesyon (Kesyon 1-10, Total 20 pwen)

Reponn kesyon yo dapre tèks yo ou te li deja. Gade ekstrè a pou w ka raple w de tèks la.

◢ Vole Avyon

Lè mwen te piti, se te pasyon mwen. Mwen te toujou pran tan pou gade avyon k ap vole. Elikoptè te enterese mwen tou. Men, mwen te pi fanatik avyon. Jodiya mwen satisfè.

1. Kisa ki te pasyon mwen lè mwen te piti?

   Lè mwen te piti pasyon mwen se te _____.

2. Èske elikoptè te enterese mwen?

   Wi/Non elikoptè (pa) te enterese mwen. _____

Yon Sesyon Mizik

Enstriman yo te fèk koumanse jwe. Mwen tande yon bèl amoni. Enstriman a kòd kon enstriman van, yo tout ap bay bon son.

3. Kisa entriman yo t ap fè?

   Enstriman yo t ap bay _____ _____.

4. Kisa mwen tande?

   Mwen tande yon_____ _____.

Fè Laglisad

Lè mwen te piti mwen te gen anpil amizman. Nan tout sa mwen te konn fè, mwen sonje laglisad. Mwen menm ak ti zanmi mwen yo, nou moute sou mòn bò lakay.

5. Ki amizman mwen lè mwen te piti?

Lè mwen te piti _____ mwen se te _____.

6. Kibò mòn nan te ye? / _____ nan te bò_____.

Nan Yon Match

Twazè sonnen beng! Tout moun gen tan reyini. Abit la met souflèt li nan bouch li; li soufle. Tout jwè foutbòl yo koumanse fè mouvman. Gade yon ti jwè! Li tèlman trible tout moun pè li. Je tout moun kale sou ekip pa yo.

7. A ki lè match la kòmanse?

_____la kòmanse a _____.

8. Kote je tout moun ye?

Je tout _____ kale sou_____ pa yo.

Bato Tonton mwen an

Tonton mwen achte yon bato tou nèf. Bato a bèl anpil. Se yon bato tay mwayèn. Tonton mwen pral travay sou li avèk kèk lòt maren. Yo prale fè Jeremi-Pòtoprens. Bato sila a, kwake li pa twò gwo, li pi gwo pase tout bato ki sou waf la. Anpil moun renmen bato a.

9. Ki zòn bato a fè? / Li _____ Pòtoprens-_____.

10. Èske yo rayi bato a?

Non, yo _____ bato a_____.

2

Seksyon 2 - Ekstrè Etid Vokabilè (Kesyon 11-15 – Total 10 pwen)

Mete mo oubyen lèt ki devan mo vokabilè ki manke a nan espas vid la. Chwazi oubyen ekri bon repons la dapre lekti ou te fè.

11- Lè li te piti li te gen_____amizman.

    a)- yon pil   b)- anpil   c)- yon ti kras

12- Genyen yon mòn _____ lakay.

    a)- anba   b)- bò   c)- dèyè

13-Nou te _____sou yon moso katon.

    a)-kouche   b)- chita   c)- kanpe

14-_____nou fèmen je nou.

    a)-Toujou   b)-Pafwa   c)- Chak jou

15-Pafwa nou konn gen kèk _____.

    a)- grafonyen   b)-blese   c)-frakti

Seksyon 3 - Ekstrè Etid Vèb (Kesyon 16-25 – Total 20 pwen)

Mete vèb ki manke yo nan espas vid yo.

16. Elikoptè te_____ mwen.

17. Mwen te toujou _____tan gade avyon.

18. Tout enstriman te_____ jwe.

19. Enstriman yo _____bon son.

20. Abit la _____ souflèt la.

21. Tout jwè foutbòl yo _____ fè mouvman.

22. Tout moun pè ti jwè a li tèlman _____.

23. Tonton mwen_____ yon bato.

24. Anpil moun _____ bato a.

25. Tonton mwen pral _____ sou li.

enterese
pran
koumanse
bay
koumanse
soufle
trible
achte
renmen
travay

3

Seksyon 4 - Ekstrè Egzèsis Pwononsyasyon (Kesyon 26-30 – Total 10 pwen)

Li fraz sa yo pou pwofesè ou. Oubyen anrejistre vwa ou sou voocaroo.com epi poste lyen an nan kazye ki koresponn a nimewo kesyon an.

Nimewo Kesyon	Egzanp fraz ak son ki koresponn	Evalyasyon pwofesè fas a fas	Repons sou vocaroo.com	Evalyasyon pwofesè sou vocaroo.com
26.	Yoyo fè Lolo sote.			
27.	Kòkòt ap fè tòtòt.			
28.	Dlo sous toujou dous.			
29.	Tcheke tchaka a pou Tchali.			
30.	Zonyon bon kon dyondyon.			

Seksyon 5 - Ekstrè Seksyon Se Vre oubyen Se pa Vre (Kesyon 31-33 – Total 6 pwen)

Di 'Se vre' oubyen 'Se pa vre' dapre lekti ou te fè yo.

31. Lè mwen te piti pasyon m se te vole avyon. (Se vre, Se pa vre)

32. Mwen pa te tande amoni. (Se pa vre, Se pa vre)

33. Gadyen yo pa siveye anyen. (Se pa vre, Se pa vre)

Seksyon 6 - Ekstrè Mini-dyalòg (Kesyon 34-38 – Total 10 pwen)

Pratike pati A ak pati B nan chak mini dyalòg. Si w ap pratike ak pwofesè w, lè li di pati A w ap di pati B, lè li di pati B w ap di pati A. Si w a di dyalòg la sou vocaroo.com di toude pati yo youn apre lòt.

Mini-dyalòg	Seksyon pou pratike nan mini-dyalòg la.	Evalyasyon pwofesè fas a fas	Repons sou vocaroo.com	Evalyasyon pwofesè sou vocaroo.com
34.	A-Èske ou renmen monte avyon? B-Non, mwen pa renmen pase anlè.			
35.	A-Ki enstriman mizik ou renmen? B-Se pyano mwen fanatik.			
36.	A-Ann ale fè laglisad. B-Kibò?			
37.	A-Li fè twazè ann al nan match. B-Ki kote?			
38.	A-Ki kote bato sa a prale? B-Li pral Lagonav.			

Seksyon 7 - Ekstrè Aktivite 'Jwenn definisyon mo' (Kesyon 39-41 – Total 6 pwen)

Mare chak mo ak definisyon li.

39.	Avyon		Tout kote, tribò babò.
40.	Abit		Yon aparèy ki vole anlè.
41.	toupatou		Moun ki ap dirije yon match.

Seksyon 8 - Ekri nan espas sa a pou ka reponn kesyon an (18 pwen).

Itilize mo pa ou pou ekri sou youn nan tit sa yo. Tit sa yo, se tit tèks ou te li. (Total 18 pwen)

1. Vole Avyon
2. Yon Sesyon Mizik
3. Fè Laglisad
4. Nan Yon Match
5. Bato Tonton Mwen An

Vwayèl kreyòl ak aksan (è à ò)

Gran Total 100 pwen

Nòt Final

	/	100

6

Lekti Kreyòl

Modil Tès 2, Chapit 6-10

Seksyon 1 - Ekstrè Lekti avèk kesyon (Kesyon 1-10, Total 20 pwen)

Reponn kesyon yo dapre tèks yo ou te li deja. Gade ekstrè a pou w ka raple w de tèks la.

Jwèt Bòlèt

Anpil moun nan peyi Dayiti renmen jwe bòlèt. Pafwa se yon gwo traka. Gen moun ki meprize fanmi yo pou yo ka jwe bòlèt. Yo ta renmen rich, yo ta renmen gen kòb vit. Enben, se sa ki fè nan chak kwen kapital la, e nan anpil pwovens, ou jwenn yon bank bòlèt. Yo pote tout non. Moun reve toutan.

Vwayèl kreyòl ak aksan (è à ò)

1. Kisa anpil moun renmen fè an Ayiti?

   R: Ann Ayiti anpil _____ renmen jwe _____.

2. Poukisa anpil moun jwe bòlèt?

   R: Paske yo ta renmen _____/gen kòb _____.

Tounen Nan Travay

Vakans fèk fini. Nou fèk soti pran yon mwa repo. Mwen menm ak madanm mwen tounen byen fre. Nou gen plis fòs e plis dispozisyon. Nou kontan rewè tout kliyan nou yo nou pa wè kèk jou. Yo tout deside rekòmanse

3. Konbyen tan repo nou soti pran?

   Nou soti _____ yon _____ repo.

4. Èske nou kontan rewè tout kliyan nou yo?

   Wi nou _____ rewè tout _____ nou_____.

7

Lanjelis

Li fèk setè. Jounen an kòmanse fèmen popyè li yo. A yon ti distans de mwen, mwen wè kèk moun ki ap tounen lakay. Yo pa mache twò vit; paske jounen travay la fin pran tout fòs yo. Firanmezi yo ap mache, yo ap disparèt nan labrim diswa. Yon lòt ti moman yo efase nèt nan fènwa a. Pita ankò se lanwit.

5. Ki lè li ye?/Ki lè li fèk fè?

Li fèk _____.

6. Poukisa moun yo pa mache twò vit?

Yo pa _____ twò vit paske _____travay la pran tout _____yo.

Yon Pye Kenèp Mal

Bò lakay mwen, gen yon pye kenèp. Se yon kenèp mal. Se tout lajounen moun ap joure pyebwa a. Men poukisa moun ap joure li? Li pajanm fè mal. Yon ti kay ki tou pre li resevwa bon jan frechè ak lonbraj. Tanzantan yon moun nan kay la kage chèz li anba pye kenèp la.

7. Ki kote pye kenèp la ye?

R: Pye kenèp la _____ lakay _____.

8. Kisa moun fè kenèp la?

R: Moun _____ pye _____ la.

Aparans e Karaktè Moun

Sou latè gen tout kalite moun. Gwo moun, moun mens, moun mèg, moun gra ekt...Gen moun ki dousman, ki parese; konsa tou gen moun ki aktif, ki travayan. Nan tout peyi, Amerik oubyen Ewòp, Azi, Afrik oubyen Ostrali, gen moun fou, gen moun tèt drèt.

9. Kisa ki gen sou latè?

Sou _____ gen tout _____ moun.

10. Èske gen moun fou tout kote? Pa egzanp, ki kote?

Wi, gen moun _____toupatou/tout kote. Pa egzanp gen moun

fou_____ _____.

Seksyon 2 - Ekstrè Etid Vokabilè (Kesyon 11-20 – Total 20 pwen)

Mete mo oubyen lèt ki devan mo vokabilè ki manke a nan espas vid la. Chwazi oubyen ekri bon repons la dapre lekti ou te fè.

11. Sou latè gen _____ moun, gen moun _____.

12. Gen moun ki _____e ki _____.

13. Ann Azi gen moun_____, gen moun _____.

14. Moun ki _____ deraye fasil.

15. _____ lakay gen yon pye kenèp mal.

a)- Anba   b)-Dèyè   c)-Bò

16. Yon kay _____ _____ pye kenèp la resevwa lonbraj.

a)-anndan   b)-sou kote   c)-tou pre

17. _____ Moun nan Peyi Dayiti jwe bòlèt.

a) Kèk   b) Tout   c) Anpil

18. Moun sa yo ta renmen _____ vit.

a) mouri   b) pòv   c) rich

9

19. Prèske toupatou nou jwenn yon _____ bòlèt.

   a) biwo   b) boutik   c) bank.

20. Yo genyen nan bòlèt _____.

   a) kèk fwa   b) raman   c) toujou

Seksyon 3 - Ekstrè Etid Vèb (Kesyon 21-30 – Total 20 pwen)

Mete vèb ki manke yo nan espas vid yo.

21. Gen moun ki __ fanmi yo pou tèt bòlèt.

   a) adore   b) meprize   c) apresye

22. Nou sot _____ yon mwa repo.

23. Madanm mwen ak mwen _____ byen fre.

24. Jounen an _____ popyè li.

25. A yon ti distans mwen _____ kèk moun ap _____lakay.

26. Tout lajounen moun ap _____kenèp la.

   a)-joure   b)-gade   c)-netwaye

27. Moun _____ chèz yo anba pye bwa a.

   a)-jete   b)-kage   c)-apiye

28. Labriz diswa ap_____ sou pye bwa a.

   a)-soufle   b)-kriye   c)-pale

29. Lè yon moun anraje _____ se pou yo _____li.

30. Pwovèb la_____ "Tout moun se moun, tout moun pa menm".

Seksyon 4 - Ekstrè Egzèsis Pwononsyasyon (Kesyon 31-35 – Total 10 pwen)

Li fraz sa yo pou pwofesè ou. Oubyen anrejistre vwa ou sou voocaroo.com epi poste lyen an nan kazye ki koresponn a nimewo kesyon an.

Nimewo Kesyon	Egzanp fraz ak son ki koresponn	Evalyasyon pwofesè fas a fas	Repons sou vocaroo.com	Evalyasyon pwofesè sou vocaroo.com
31.	Pèpè pè wè sèsè.			
32.	**En**ben, m**en t**en an Al**en.**			
33.	**E**de D**e**de d**e**mele kle yo.			
34.	Tat**àn** ak Iv**àn** achte avw**àn.** **Tan**zan**tan** jan**m** Vens**an** koule s**an.**			
35.	**Li**li d**i** l**i** l**i** nan yon l**iv.** **Ku**it and**ui**ak z**ui**t, mete yo nan **ui**t plat k**ui**v.			

Seksyon 5 - Ekstrè Seksyon Se Vre oubyen Se pa Vre (Kesyon 36-38 – Total 6pwen)

Di 'Se vre' oubyen 'Se pa vre' dapre lekti ou te fè yo.

36. Vakans apèn kòmanse. (Se pa vre, Se vre)

37. Mwen wè kèk moun ki ap tounen lakay. (Se vre, Se pa vre)

38. Sou latè gen moun mens sèlman. (Se pa vre, Se vre)

Seksyon 6 - Ekstrè Mini-dyalòg (Kesyon 39-43 – Total 10 pwen)

Pratike pati A ak pati B nan chak mini dyalòg. Si w ap pratike ak pwofesè w, lè li di pati A w ap di pati B, lè li di pati B w ap di pati A. Si w a di dyalòg la sou vocaroo.com di toude pati yo youn apre lòt.

Mini-dyalòg	Seksyon pou pratike nan mini-dyalòg la.	Evalyasyon pwofesè fas a fas	Repons sou vocaroo.com	Evalyasyon pwofesè sou vocaroo.com
39.	A-Èske ou jwe bòlèt? B-Non mèsi.			
40.	A-Mwen kontan wè w. B-Mwen menm tou kliyan m yo.			
41.	A-Lanjelis fèk tonbe, pa vre? B-Wi, labrim diswa efase tout moun.			
42.	A-Èske gen pye bwa bò lakay ou? B-Wi, yon pye kenèp mal.			
43.	A-Èske ou renmen tanperaman nèg sa a? B-Non, se yon moun fou, li pale kwochi.			

Seksyon 7 - Ekstrè Aktivite 'Jwenn definisyon mo' (Kesyon 44-46 – Total 6 pwen)

Mare chak mo ak definisyon li.

44.	Repo		Yon gwoup moun k ap viv yon kote.
45.	Fòs		Pran yon detant, fè yon poze.
46.	Kominote		Enèji oubyen kouraj, puisans

Seksyon 8 – Ekri nan espas sa a pou ka reponn kesyon an. Itilize mo pa ou pou ekri sou youn nan tit sa yo. Tit sa yo, se tit tèks ou te li. (Total 8 pwen)

1. Jwèt Bòlèt

2. Tounen Nan Travay

3. Lanjelis

4. Yon Pye Kenèp Mal

5. Aparans e Karaktè Moun

Vwayèl Kreyòl ak aksan (è à ò)

Gran Total 100 pwen

Nòt Final

	/	100

13

Seksyon 1 - Ekstrè Lekti avèk kesyon (Kesyon 1-10, total 20 pwen)

Reponn kesyon yo dapre tèks yo ou te li deja. Gade ekstrè a pou w ka raple w de tèks la.

Petyonvil, 26 avril 1993
Manman Cheri mwen,
Kijan ou ye?

Se avèk yon gwo lakontantman, mwen pran plim mwen pou mwen ekri ou. Sa fè lontan depi nou pa koze. Men mwen konnen sa fè ou tris. Mwen menm, kè mwen ap rache. Men manman, ou mèt sèten, kè mwen rete tou pre kè ou. Mwen sonje ou anpil. Se chak jou nanm mwen louvri byen laj devan Bondye pou priye pou ou. Mwen pa konnen ni jou ni mwa, ní ane,

Vwayèl Kreyòl ak aksan (è à ò)

1. Ki moun ki ekri lèt la? Bay ki moun li voye li?

   R: Se_____ ki ekri _____la. Li voye li bay _____li.

2. Ki kote manman an ap viv?

   R: _____an ap viv_____.

Nan Lopital

Li pa fasil pou vizite yon lopital. Fòk ou gen kè ak anpil kouraj. Pafwa lè ou wè moun yo ou gen lapenn. Gen moun k ap soufri tout jan. Ganyen ki kouche akoz aksidan. Ganyen se akòz malnitrisyon, oubyen tibèkiloz.

3. (Èske) li fasil pou vizite yon lopital?

   R: Li _____fasil pou_____ yon_____.

4. Kilè ou gen lapenn?

   R: Lè ou _____moun yo.

Yon Ti Tonèl

Li fèt ak pay kokoye ki trese tribò babò. Anpil fwa lè pa gen bwa solid tankou chèn oubyen kajou, bòs yo sèvi ak gonmye.

5. Akisa/Ak kisa tonèl fèt?

   Li fèt ak pay_____.

6. Kijan yo sèvi ak/trese pay kokoye pou fè tonèl?

   Yo trese yo_____.

Bòs Fòmann

Lè chantye ap bati, enjenyè pa ka rete toutan sou plas. Li bezwen yon bon fòmann. Fòmann nan la pou sipèvize detay travay yo, pandan enjenyè a ap sipèvize pi gwo moso nan travay la.

7. Ki moun ki ede enjenyè nan chantye?

   R: Bòs_____ (ede _____nan chantye).

8. Kisa ti ouvriye yo fè?

   R: Ti _____yo fè tout _____la./Tout _____la pase

   nan men ti _____yo.

Yon Travay Faktori

M'ap travay nan faktori. Nan travay sila a nou fè boul bezbòl. Anpil nan moun k'ap travay yo nan bout di. Yo leve bonè. Yo pa byen manje. Pafwa kout zegwi fin devore tout dwèt yo.

15

9. (Ki)sa nou fè nan faktori a?

    R: Nou fè _____ bezbòl.

10. Kilè yo leve?

    (Yo leve) _____ nan maten.

Seksyon 2 - Ekstrè Etid Vokabilè (Kesyon 11-20 – Total 20 pwen)

Mete mo oubyen lèt ki devan mo vokabilè ki manke a nan espas vid la. Chwazi oubyen ekri bon repons la dapre lekti ou te fè.

11. Ti frè mwen an renmen ale nan _____.

    a)-match   b)-kous moto

12. Ti frè mwen an bay moun kèk _____.

    a)-koutpye   b)-kalòt

13. Kounyeya Tijan se ___gwo___ drayvè.

14. Lè trajè a (kout/long) moun frape lòt moun.

15. Bibi ekri yon _____.

    a)- woman   b)-lèt   c)- liv

16. Bibi ekri avèk _____

    a)-lajwa   b)-tristès   c)- lakontantman

17. Bibi renmen manman li _____.

    a)-yon ti kras   b)- anpil   c)- enpe

18. Manman Bibi ap viv _____.

    a)-Lafrans   b)-Nouyòk   c)- Kanada

19. Kontrè _____ se kout.

20. Kontrè _____ se toujou.

Seksyon 3 - Ekstrè Etid Vèb (Kesyon 21- 30 Total 20 pwen)

Mete vèb ki manke yo nan espas vid yo.

21. Bibi _____ pou manman li. a)- priye b)- panse   c)- kalkile

22. Pou _____ yon lopital li pa fasil.

23. Ou _____ lapenn lè ou _____ moun yo pafwa.

24. Gen moun ki ap _____ akòz malnitrisyon.

25. Tonèl_____ak pay kokoye ki _____.

26. Bòs yo _____ ak gonmye lè pa _____ chèn ak kajou.

27. M ap_____ nan yon faktori.

28. Moun k ap travay yo _____bonè.

29. Moun yo pa byen _____.

30. Dwèt yo ap_____men yo_____fè travay la.

Seksyon 4 - Ekstrè Egzèsis Pwononsyasyon (Kesyon 31-35 Total 10 pwen)

Li fraz sa yo pou pwofesè ou. Oubyen anrejistre vwa ou sou voocaroo.com epi poste lyen an nan kazye ki koresponn a nimewo kesyon an.

Nimewo Kesyon	Egzanp fraz ak son ki koresponn	Evalyasyon pwofesè fas a fas	Repons sou vocaroo.com	Evalyasyon pwofesè sou vocaroo.com
31.	-**Y**asmin ak **Y**about ap ese**y**e ba**y** pa**y**èt. -**M**wen **w**è **W**obè **w**on tankou yon **W**ozvagenn.			
32.	-**J**ij **j**ije **J**ak **J**akmèl. -**G**abi ak **G**istav **g**en yon **g**wo mal**g**òj **g**rav.			
33.	-**H**ing**h**ang -**dj**on**dj**on, **dj**ab			
34.	**B**ebe **b**o **B**aboun **b**ò **b**ouch.			
35.	**K**èk **k**abrit **k**anpe an**kw**a nan **kw**en lekòl la.			'

17

Seksyon 5 - Ekstrè Seksyon Se Vre oubyen Se pa Vre (Kesyon 36-38 – Total 6 pwen)

Di 'Se vre' oubyen 'Se pa vre' dapre lekti ou te fè yo.

36. Tonèl fèt ak pay kann. _____ (Se pa vre, Se vre)

37. Bwa gonmye solid anpil. _____ (Se pa vre, Se vre)

38. Tonèl pèmèt moun pare lapli. _____ (Se pa vre, Se vre)

Seksyon 6 - Ekstrè Mini-dyalòg (Kesyon 39-43 – Total 10 pwen)

Pratike pati A ak pati B nan chak mini dyalòg la. Si w ap pratike ak pwofesè w, lè li di pati A w ap di pati B, lè li di pati B w ap di pati A. Si w a di dyalòg la sou vocaroo.com di toude pati yo youn apre lòt.

Mini-dyalòg	Seksyon pou pratike nan mini-dyalòg la.	Evalyasyon pwofesè fas a fas	Repons sou vocaroo.com	Evalyasyon pwofesè sou vocaroo.com
39.	A-Èske manman w ap viv ann Ayiti? B-Non l ap viv Ozetazini.			
40.	A-Ou malad Jil? B-Men wi Gaston, m gen lagrip.			
41.	A-Ki kote pòv yo ap viv? B-Anba yon ti tonèl.			
42.	A-Kijan santye a ye bòs? B-Tout bagay byen pou kounyeya.			
43.	A-Kote sè w la ap travay? B-Nan yon gwo faktori.			

Seksyon 7 - Ekstrè Aktivite 'Jwenn definisyon mo' (Kesyon 44-46 – Total 6 pwen)

Mare chak mo ak definisyon li.

44.	Lapenn		Zouti ak pwent pou moun koud.
45.	Zegwi		San k ap koule.
46.	Senyen		Lè kè pa kontan.

Seksyon 8 – Ekri nan espas sa a pou ka reponn kesyon an. Itilize mo pa ou pou ekri sou youn nan tit sa yo. Tit sa yo, se tit tèks ou te li. (Total 8 pwen)

1. Manman Cheri mwen (Yon lèt)

2. Nan Lopital

3. Yon Ti Tonèl

4. Bòs Fòmann

5. Yon Travay Faktori

Vwayèl Kreyòl ak aksan (è à ò)

Gran Total 100 pwen

Nòt Final

	/	100

Seksyon 1 - Ekstrè Lekti avèk kesyon (Kesyon 1-10, Total 20 pwen)

Reponn kesyon yo dapre tèks yo ou te li deja. Gade ekstrè a pou w ka raple w de tèks la.

Yon Kous Moto

De motosiklis yo pran wout la tankou de kòk kalite ki pral nan gagè. Ti frè mwen an renmen sa anpil. Anpil fwa li kite manje lakay li pou li pa pèdi anyen.

Vwayèl kreyòl ak aksan (è à ò)

1. Kisa ti frè mwen an renmen?

   R: Li _____ kous _____./Ti frè mwen an _____ kous _____.

2. Kijan de motosiklis yo pran wout la?

   R: Yo pran _____ la tankou de _____ kalite.

Nan Makèt La

Gran sè mwen an renmen fè makèt. Li mache anndan tout makèt la anvan li achte. Li gade adwat, li gade agoch, li manyen bwat lèt yo. Li gade poul yo dèyè vitrin, li tcheke sache diri ak mayi yo.

1. (Ki)Sa gran sè mwen an renmen fè?

   R: Gran sè mwen an/Li _____ fè _____.

2. Ki moun ki ale ak li (avè l)?

   R: Li renmen ale ak _____ mwen an, Yabout.

Monte Bisiklèt

Anvan Tijan te konn monte bisiklèt, li pase anpil mizè. Li renmen sa, se sa ki fè li pa te dekouraje. Sa ki te pi difisil pou li nan yon premye tan, se te kite pye li sou pedal. Apre sa, se te kouri bekàn nan san pèsonn pa kenbe li. Tijan te pran anpil so.

1. Èske Tijan te janm dekouraje?

    R: Non, Tijan pa t janm_____.

2. K: Kisa ki te pi difisil pou Tijan?

    R: Se te _____pye li sou _____la.

Nan Mache

Se yon plas ki mete anpil chalè nan kè. Machann ki soti nan tout bouk yo rasanble ansanm. Genyen ki vin sou bèt, anpil vini apye tou. Yo tout reyini, yo tout ap vann. Pratik yo oubyen achtè gen anpil pou yo achte. Fwi, tankou mango, zaboka, zoranj, kenèp, siwèl, sapoti, ...yo tout byen bèl, yo tout byen fre, byen santi bon.

1. Ki kote machann yo sòti?

    R: Machann yo _____nan tout _____yo.

2. Èske gen machann vyann nan mache a?

    R: Wi, gen machann _____nan _____a.

Pran Taptap

Nan peyi D Ayiti, pran taptap se yon gwo tèt chaje. Anpil fwa pa gen plas; kèk moun bije kwense kò yo nan yon ti kwen. Pafwa tou moun yo chita youn sou lòt. Lè trajè a long, lè wout la pa bon, anpil moun frape lòt san yo pa konnen.

1. Èske pran taptap fasil nan peyi D Ayiti?

    R: Non, pran taptap pa _____nan peyi D Ayiti.

2. Kijan moun yo chita pafwa?

3. Pafwa moun yo chita youn sou_____.

Seksyon 2 - Ekstrè Etid Vokabilè (Kesyon 11-15 – Total 10 pwen)

Mete mo oubyen lèt ki devan mo vokabilè ki manke a nan espas vid la. Chwazi oubyen ekri bon repons la dapre lekti ou te fè.

11. Ti frè mwen an renmen ale nan_____.

   a)-match   b)-kous moto

12. Ti frè mwen an bay moun kèk _____.

   a)-koutpye   b)-kalòt

13. Lè trajè a (kout/long) moun frape lòt moun.

14. Gran sè mwen an renmen ale_____.

   a)-lekòl   b)-legliz   c)-nan makèt

15. Sè mwen an renmen achte

   a)-diri ak pwa   b)-djondjon ak pistach   c)-montadèl ak janbon.

Seksyon 3 - Ekstrè Etid Vèb (Kesyon 16-25 – Total 20 pwen)

Mete vèb ki manke yo nan espas vid yo.

16. Motosiklis yo _____ wout la tankou kòk kalite.

17. Ti frè mwen an _____ kous moto.

18. Tijan te konn _____ bisiklèt.

19. _____pye li sou pedal la te pi difisil.

20. Apre sa, se te _____san moun pa _____ li.

21. Mache _____ chalè nan kè.

22. Machann yo_____, yo _____nan bouk.

23. (Desann/Pran) taptap se yon gwo tèt chaje.

24. Anpil fwa kèk moun bije (kouche/kwense) kò yo.

25. Anpil moun pral (rale/pouse) lòt sòti.

Seksyon 4 - Ekstrè Egzèsis Pwononsyasyon (Kesyon 26-30 – Total 10 pwen)

Li fraz sa yo pou pwofesè ou. Oubyen anrejistre vwa ou sou voocaroo.com epi poste lyen an nan kazye ki koresponn a nimewo kesyon an.

Nimewo Kesyon	Egzanp fraz ak son ki koresponn	Evalyasyon pwofesè fas a fas	Repons sou vocaroo.com	Evalyasyon pwofesè sou vocaroo.com
26.	**D**eni **di D**o**d**o **di D**avi**d d**òmi a **d**izè e**d**mi.			
27.	**F**elòm **f**òse **F**eliks **f**è **F**i**f**i **f**è ka**f**e			
28.	**L**es**l**i a**l**e **l**arivyè ak **L**o**l**a.			
29.	**M**aryo **m**ete **m**ango **m**iska bò **m**akout **M**irèy.			
30.	**A**nons **n**òs **N**ani**n n**an kò**n**en **n**an zò**n n**an.			

Seksyon 5 - Ekstrè Seksyon Se Vre oubyen Se pa Vre (Kesyon 31-33 – Total 6 pwen)

Di 'Se vre' oubyen 'Se pa vre' dapre lekti ou te fè yo.

31. Motosiklis yo pran wout la tankou de kabrit. (Se pa vre, Se vre)

32. Mache se yon plas ki pa gen aktivite. (Se pa vre, Se vre)

33. Nan mache machann tout bouk rasanble ansanm. (Se vre, Se pa vre)

Seksyon 6 - Ekstrè Mini-dyalòg (Kesyon 34-38 – Total 10 pwen)

Pratike pati A ak pati B nan chak mini dyalòg la. Si w ap pratike ak pwofesè w, lè li di pati A w ap di pati B, lè li di pati B w ap di pati A. Si w a di dyalòg la sou vocaroo.com di toude pati yo youn apre lòt.

Mini-dyalòg	Seksyon pou pratike nan mini-dyalòg la.	Evalyasyon pwofesè fas a fas	Repons sou vocaroo.com	Evalyasyon pwofesè sou vocaroo.com
34.	A-Kote w prale Dani? B-Mwen prale nan yon kous moto.			
35.	A-Kote ou pral la a? B-M pral nan makèt?			
36.	A-Èske ou konn monte bekàn? B-Men wi monchè. M se gwo drayvè.			
37.	A-Ki kote manman w al nan mache? B-Li toujou ale Kwadèboukè.			
38.	A-Eske ou renmen pran taptap? B-Monchè mwen pa renmen sa non.			

Seksyon 7 - Ekstrè Aktivite 'Jwenn definisyon mo' (Kesyon 39-41 – Total 6 pwen)

Mare chak mo ak definisyon li.

39.	Bisiklèt		Pèdi fòs, pèdi kouaj.
40.	Panse		Yon aparèy de wou ki would.
41.	Dekouraje		Reprezante nan lespri w.

Seksyon 8 – Ekri nan espas sa a pou ka reponn kesyon an. Itilize mo pa ou pou ekri sou youn nan tit sa yo. Tit sa yo, se tit tèks ou te li. (Total 18 pwen)

1. Yon Kous Moto
2. Nan Makèt La
3. Monte Bisiklèt
4. Nan Mache
5. Pran Taptap

Vwayèl kreyòl ak aksan (è à ò)

Gran Total 100 pwen

Nòt Final

	/	100

Seksyon 1 - Ekstrè Lekti avèk kesyon (Kesyon 1-10, Total 20 pwen)

Reponn kesyon yo dapre tèks yo ou te li deja. Gade ekstrè a pou w ka raple w de tèks la.

Ale Nan Lanmè

Semèn nan pral fini. Pòl ak madanm ni deside ale nan plaj. Menm jan ak tout vwazen li yo, Pòl bezwen tranpe kò li nan yon ti dlo lanmè. Depi vandredi swa machin nan deja anbake. Samdi kou li jou yo pran wout lanmè pou yo. Lè yo rive te gen tan gen yon bon valè moun.

Vwayèl Kreyòl ak aksan (è à ò)

1. Ki)kote Pòl ak mandanm ni deside ale?

   R: Pòl ak madanm ni/Yo deside ale nan_____.

2. Depi kilè machin nan anbake?

   R: Machin nan anbake depi _____swa.

Vwayaje Lòtbò Dlo

   Apre ou fin gen paspò ak viza ladan, ou kapab vwayaje. Swa ou pral Lafrans, Kanada, Ozetazini, anpil nan demach yo sanble. Ou gen pou fè rezèvasyon sou youn nan avyon ki fè zòn sa yo. Pafwa moun pa jwenn plas, lè konsa, yo sou "stannbay". Moman ki pi bèl se lè ou rive ayewopò, tout moun nan liy. Lè avyon an rantre yon gwo opalè mande pasaje yo pou yo anbake.

3. Kisa m bezwen pou m vwayaje?

   R: Ou bezwen _____ak tout_____.

4. Kilè avyon an vole/pran vòl?

   R: (Avyon an vole) Lè tout moun fin_____.

Yon Timoun Fèt

Felòm ak Anita gen yon bon ti tan depi yo marye. Semèn sa a yo fèk gen yon ti bebe. Ti pitit la sanble ak papa li tèt koupe. De anmore yo gen yon bon van k'ap soufle nan kè yo.

5. Kijan madan Felòm rele?

R: Madan Felòm rele_____.

6. Kisa ti bebe a reprezante?

R: Ti bebe a reprezante konbinezon _____de moun yo.

Yon Ka Lanmò

Iya mouri. Se yon ti granmoun ki te renmen moun anpil. Li te rete bò lakay. Manman mwen te toujou di mwen, ti granmoun sila a te konn kenbe mwen lè mwen te piti. Se pa mwen sèlman, gran frè mwen an, e anpil timoun nan tout vwazinaj la. Chak maten Iya leve nou ak yon tas kafe. Iya te vin malad, li pa t janm fin refè nèt. Mwen santi kè mwen t ap senyen.

7. Ki kote Iya te rete? / R: Iya te rete bò_____.

8. Kisa li/Iya te konn fè lè mwen te piti?

R: Li/Iya te konn _____mwen lè mwen te piti.

Anbago

Kè sere, dlo nan je, trip kòde, nan bilan anbago sou do Ayiti an 1994. Pòtoprens, kapital la ki te bèl tankou pèl, vin pòtre yon timoun mazora, kwatchòkò ki ap fin pa depafini debou. Pou ki nou pa pran konsyans? Pou ki nou pa chanje metòd? Pou ki nou pa chanje konsepsyon?

9. Nan ki ane te gen anbago ann Ayiti.

R: Te gen anbago ann Ayiti an_____.

10. Kisa jenerasyon nou an dwe fè?

R: Jenerasyon nou an/Nou dwe kòmanse_____.

Seksyon 2 - Ekstrè Etid Vokabilè (Kesyon 11-20 – Total 20 pwen)

Mete mo oubyen lèt ki devan mo vokabilè ki manke a nan espas vid la. Chwazi oubyen ekri bon repons la dapre lekti ou te fè.

11. Felòm ak Anita marye _____ yon bon ti tan.

12. Yo _____ gen yon ti bebe.

13. Ti pitit la sanble _____ papa li.

14. Felòm kriye: "Mwen _____ papa".

15. Gade bebe _____ bèso a.

16. Kontrè deja se _____.

17. Kontrè timoun se _____.

18. Ou tris se lè ou _____lajwa.

19. Yon moun ki _____se yon moun ki rejwenn lasante l.

20. _____se limyè yon bagay k ap brile bay.

Seksyon 3 - Ekstrè Etid Vèb (Kesyon 21-30 – Total 20 pwen)

Mete vèb ki manke yo nan espas vid yo.

21. Semèn nan pral _____.

22. Pòl _____ _____ kò li nan yon ti dlo lanmè.

23. Ou kapab _____ apre ou _____ gen viza.

24. Demach pou ale nan yon peyi oubyen yon lòt _____.

25. Ti granmoun nan te _____ moun anpil.

26. Manman mwen te toujou _____ ti granmoun nan te _____ kenbe m.

27. Li _____ nou ak yon tas kafe chak maten.

28. Pòtoprens _____ pòtre yon timoun mazora.

29. Nou pa _____ konsyans.

30. Se nou menm ki _____ jenerasyon sa a.

28

Seksyon 4 - Ekstrè Egzèsis Pwononsyasyon (Kesyon 31-35 – Total 10 pwen)

Li fraz sa yo pou pwofesè ou. Oubyen anrejistre vwa ou sou voocaroo.com epi poste lyen an nan kazye ki koresponn a nimewo kesyon an.

Nimewo Kesyon	Egzanp fraz ak son ki koresponn	Evalyasyon pwofesè fas a fas	Repons sou vocaroo.com	Evalyasyon pwofesè sou vocaroo.com
31.	**P**òl **p**ran tan **p**wonmennen e**pi p**ou li al nan **pl**aj.			
32.	**T**atàn **t**iye **t**i **t**outrèl **t**on**t**on **T**oma a.			
33.	**R**at la **r**esi **r**ete nan **r**avin nan.			
34.	**S**ò Lamè**s**i **s**ou**s**e **s**iwo **s**ou kalba**s** **S**izàn nan.			
35.	-**V**enòl **v**ale **v**èmisèl **V**ava a **v**it **v**it. -**Z**owo kraze **z**e, **z**èb ak **z**aboka nan **z**epina a.			

Seksyon 5 - Ekstrè Seksyon Se Vre oubyen Se pa Vre (Kesyon 36-38 – Total 6 pwen)

Di 'Se vre' oubyen 'Se pa vre' dapre lekti ou te fè yo.

36. Pòl bezwen bwè yon ti dlo lanmè. (Se pa vre, Se vre)

37. Se pou ou fè rezèvasyon avan ou pati. (Se pa vre, Se vre)

38. Anbago fè Pòtoprens bèl. (Se pa vre, Se vre)

Seksyon 6 - Ekstrè Mini-dyalòg (Kesyon 39-43 – Total 10 pwen)

Pratike pati A ak pati B nan chak mini dyalòg la. Si w ap pratike ak pwofesè w, lè li di pati A w ap di pati B, lè li di pati B w ap di pati A. Si w a di dyalòg la sou vocaroo.com di toude pati yo youn apre lòt.

Mini-dyalòg	Seksyon pou pratike nan mini-dyalòg la.	Evalyasyon pwofesè fas a fas	Repons sou vocaroo.com	Evalyasyon pwofesè sou vocaroo.com
39.	A-Ou pa ta renmen ale nan plaj? B-Kibò sa a monnonk?			
40.	A-Èske ou vwayaje deja? B-Non, m poko.			
41.	A-Konpè o! Konbyen timoun ou genyen? B-Mwen gen kat: twa fi, yon gason.			
42.	A-Fredo, ki nouvèl ki gen bò lakay? B-Monchè, kè tout moun sere, Iya mouri.			
43.	A-Poukisa figi w fennen konsa? B-Monchè mwen tris anpil. A-Kisa ou genyen vye frè? B-Peyi m ki te bèl tankou pèl; gade li.			

Seksyon 7 - Ekstrè Aktivite 'Jwenn definisyon mo' (Kesyon 44-46 – Total 6 pwen)

Mare chak mo ak definisyon li.

44.	Semèn		Yon moun ki abite tou pre w.
45.	vwazen		Pote nan men.
46.	Kenbe		Yon total sèt jou.

Seksyon 8 – Ekri nan espas sa a pou ka reponn kesyon an.

Itilize mo pa ou pou ekri sou youn nan tit sa yo. Tit sa yo, se tit tèks ou te li. (Total 18 pwen)

1. Ale Nan Lanmè

2. Vwayaje Lòtbò Dlo

3. Yon Timoun Fèt

4. Yon Ka Lanmò

5. Anbago

Vwayèl kreyòl ak aksan (è à ò)

Gran Total 100 pwen

Nòt Final

	/	100

Repons Kaye Evalyasyon

Seksyon 1 - Ekstrè Lekti avèk kesyon (Kesyon 1-10, Total 20 pwen)

Reponn kesyon yo dapre tèks yo ou te li deja. Gade ekstrè a pou w ka raple w de tèks la.

◢ Vole Avyon

Lè mwen te piti, se te pasyon mwen. Mwen te toujou pran tan pou gade avyon k ap vole. Elikoptè te enterese mwen tou. Men, mwen te pi fanatik avyon. Jodiya mwen satisfè.

11. Kisa ki te pasyon mwen lè mwen te piti?

Lè mwen te piti pasyon mwen se te _**vole avyon**_____.

12. Èske elikoptè te enterese mwen?

Wi/Non elikoptè (pa) te enterese mwen. _____

Yon Sesyon Mizik

Enstriman yo te fèk koumanse jwe. Mwen tande yon bèl amoni. Enstriman a kòd kon enstriman van, yo tout ap bay bon son.

13. Kisa entriman yo t ap fè?

Enstriman yo t ap bay __**bon**_____ _____**son**_____.

14. Kisa mwen tande?

Mwen tande yon__**bèl**_____ __**amoni**_____.

Fè Laglisad

Lè mwen te piti mwen te gen anpil amizman. Nan tout sa mwen te konn fè, mwen sonje laglisad. Mwen menm ak ti zanmi mwen yo, nou moute sou mòn bò lakay.

15. Ki amizman mwen lè mwen te piti?

Lè mwen te piti __**amizman**_____ mwen se te ____**laglisad**_____.

16. Kibò mòn nan te ye? / ___**Mòn**_____ nan te bò__**lakay**____.

Nan Yon Match

Twazè sonnen beng! Tout moun gen tan reyini. Abit la met souflèt li nan bouch li; li soufle. Tout jwè foutbòl yo koumanse fè mouvman. Gade yon ti jwè! Li tèlman trible tout moun pè li. Je tout moun kale sou ekip pa yo.

17. A ki lè match la kòmanse?

__**Match**_____la kòmanse a __**twazè**_____.

18. Kote je tout moun ye?

Je tout ___**moun**___ kale sou__**ekip**___ pa yo.

Bato Tonton mwen an

Tonton mwen achte yon bato tou nèf. Bato a bèl anpil. Se yon bato tay mwayèn. Tonton mwen pral travay sou li avèk kèk lòt maren. Yo prale fè Jeremi-Pòtoprens. Bato sila a, kwake li pa twò gwo, li pi gwo pase tout bato ki sou waf la. Anpil moun renmen bato a.

19. Ki zòn bato a fè? / Li __**fè**____ Pòtoprens-___**Jeremi**_____.

20. Èske yo rayi bato a?

Non, yo _**renmen**___ bato a__**anpil**_____.

33

Seksyon 2 - Ekstrè Etid Vokabilè (Kesyon 11-15 – Total 10 pwen)

Mete mo oubyen lèt ki devan mo vokabilè ki manke a nan espas vid la. Chwazi oubyen ekri bon repons la dapre lekti ou te fè.

11- Lè li te piti li te gen_____amizman.

    a)- yon pil   **b)- anpil**   c)- yon ti kras

12- Genyen yon mòn _____ lakay.

    a)- anba   **b)- bò**   c)- dèyè

13-Nou te _____sou yon moso katon.

    a)-kouche   **b)- chita**   c)- kanpe

14-_____nou fèmen je nou.

    a)-Toujou   **b)-Pafwa**   c)- Chak jou

15-Pafwa nou konn gen kèk _____.

    a)- grafonyen   b)-blese   c)-frakti

Seksyon 3 - Ekstrè Etid Vèb (Kesyon 16-25 – Total 20 pwen)

Mete vèb ki manke yo nan espas vid yo.

26. Elikoptè te_____**enterese**_____ mwen.

27. Mwen te toujou **pran**_tan gade avyon.

28. Tout enstriman te__**koumanse**__ jwe.

29. Enstriman yo _**bay**__bon son.

30. Abit la __**soufle**___ souflèt la.

31. Tout jwè foutbòl yo **koumanse**__ fè mouvman.

32. Tout moun pè ti jwè a li tèlman _**trible**__.

33. Tonton mwen__**achte**___ yon bato.

34. Anpil moun _**renmen**___ bato a.

35. Tonton mwen pral __**travay**___ sou li.

Seksyon 4 - Ekstrè Egzèsis Pwononsyasyon (Kesyon 26-30 – Total 10 pwen)

Li fraz sa yo pou pwofesè ou. Oubyen anrejistre vwa ou sou voocaroo.com epi poste lyen an nan kazye ki koresponn a nimewo kesyon an.

Nimewo Kesyon	Egzanp fraz ak son ki koresponn	Evalyasyon pwofesè fas a fas	Repons sou vocaroo.com	Evalyasyon pwofesè sou vocaroo.com
26.	Yoyo fè Lolo sote.			
27.	Kòkòt ap fè tòtòt.			
28.	Dlo sous toujou dous.			
29.	Tcheke tchaka a pou Tchali.			
30.	Zonyon bon kon dyondyon.			

Seksyon 5 - Ekstrè Seksyon Se Vre oubyen Se pa Vre (Kesyon 31-33 – Total 6 pwen)

Di 'Se vre' oubyen 'Se pa vre' dapre lekti ou te fè yo.

34. Lè mwen te piti pasyon m se te vole avyon. (**Se vre,** Se pa vre)

35. Mwen pa te tande amoni. (Se pa vre, **Se pa vre**)

36. Gadyen yo pa siveye anyen. (**Se pa vre,** Se pa vre)

Seksyon 6 - Ekstrè Mini-dyalòg (Kesyon 34-38 – Total 10 pwen)

Pratike pati A ak pati B nan chak mini dyalòg. Si w ap pratike ak pwofesè w, lè li di pati A w ap di pati B, lè li di pati B w ap di pati A. Si w a di dyalòg la sou vocaroo.com di toude pati yo youn apre lòt.

Mini-dyalòg	Seksyon pou pratike nan mini-dyalòg la.	Evalyasyon pwofesè fas a fas	Repons sou vocaroo.com	Evalyasyon pwofesè sou vocaroo.com
34.	A-Èske ou renmen monte avyon? B-Non, mwen pa renmen pase anlè.			
35.	A-Ki enstriman mizik ou renmen? B-Se pyano mwen fanatik.			
36.	A-Ann ale fè laglisad. B-Kibò?			
37.	A-Li fè twazè annal nan match. B-Ki kote?			
38.	A-Ki kote bato sa a prale? B-Li pral Lagonav.			

Seksyon 7 - Ekstrè Aktivite 'Jwenn definisyon mo' (Kesyon 39-41 – Total 6 pwen)

Mare chak mo ak definisyon li.

39.	Avyon		Tout kote, tribò babò.
40.	Abit		Yon aparèy ki vole anlè.
41.	toupatou		Moun ki ap dirije yon match.

Seksyon 8 - Ekri nan espas sa a pou ka reponn kesyon an (18 pwen).

Itilize mo pa ou pou ekri sou youn nan tit sa yo. Tit sa yo, se tit tèks ou te li. (Total 18 pwen)

6. Vole Avyon
7. Yon Sesyon Mizik
8. Fè Laglisad
9. Nan Yon Match
10. Bato Tonton Mwen An

Vwayèl kreyòl ak aksan (è à ò)

Gran Total 100 pwen

Nòt Final

	/	100

Lekti Kreyòl

Repons Modil Tès 2, Chapit 6-10

Seksyon 1 - Ekstrè Lekti avèk kesyon (Kesyon 1-10, Total 20 pwen)

Reponn kesyon yo dapre tèks yo ou te li deja. Gade ekstrè a pou w ka raple w de tèks la.

Jwèt Bòlèt

Anpil moun nan peyi Dayiti renmen jwe bòlèt. Pafwa se yon gwo traka. Gen moun ki meprize fanmi yo pou yo ka jwe bòlèt. Yo ta renmen rich, yo ta renmen gen kòb vit. Enben, se sa ki fè nan chak kwen kapital la, e nan anpil pwovens, ou jwenn yon bank bòlèt. Yo pote tout non. Moun reve toutan.

Vwayèl kreyòl ak aksan (è à ò)

16.   Kisa anpil moun renmen fè an Ayiti?

R: Ann Ayiti anpil __**moun**__ renmen jwe ___**bòlèt**____.

17.   Poukisa anpil moun jwe bòlèt?

R: Paske yo ta renmen ___**rich**__/gen kòb ___**vit**____.

Tounen Nan Travay

Vakans fèk fini. Nou fèk soti pran yon mwa repo. Mwen menm ak madanm mwen tounen byen fre. Nou gen plis fòs e plis dispozisyon. Nou kontan rewè tout kliyan nou yo nou pa wè kèk jou. Yo tout deside rekòmanse

18.   Konbyen tan repo nou soti pran?

Nou soti _____**pran**__ yon __**mwa**_____ repo.

19.   Èske nou kontan rewè tout kliyan nou yo?

Wi nou ___**kontan**__ rewè tout **kliyan**_____ nou__**yo**_____.

Lanjelis

Li fèk setè. Jounen an kòmanse fèmen popyè li yo. A yon ti distans de mwen, mwen wè kèk moun ki ap tounen lakay. Yo pa mache twò vit; paske jounen travay la fin pran tout fòs yo. Firanmezi yo ap mache, yo ap disparèt nan labrim diswa. Yon lòt ti moman yo efase nèt nan fènwa a. Pita ankò se lanwit.

20.   Ki lè li ye?/Ki lè li fèk fè?

Li fèk __**setè**_____.

21.   Poukisa moun yo pa mache twò vit?

Yo pa _**mache**_ twò vit paske _**jounen**_travay la pran tout _**fòs**_yo.

Yon Pye Kenèp Mal

Bò lakay mwen, gen yon pye kenèp. Se yon kenèp mal. Se tout lajounen moun ap joure pyebwa a. Men poukisa moun ap joure li? Li pajanm fè mal. Yon ti kay ki tou pre li resevwa bon jan frechè ak lonbraj. Tanzantan yon moun nan kay la kage chèz li anba pye kenèp la.

22.   Ki kote pye kenèp la ye?

R: Pye kenèp la __**bò**_____ lakay __**mwen**____.

23.   Kisa moun fè kenèp la?

R: Moun _**joure**_ pye __**kenèp**__ la.

39

Aparans e Karaktè Moun

Sou latè gen tout kalite moun. Gwo moun, moun mens, moun mèg, moun gra ekt…Gen moun ki dousman, ki parese; konsa tou gen moun ki aktif, ki travayan. Nan tout peyi, Amerik oubyen Ewòp, Azi, Afrik oubyen Ostrali, gen moun fou, gen moun tèt drèt.

24.   Kisa ki gen sou latè?

   Sou _latè__ gen tout _kalite___ moun.

25. Èske gen moun fou tout kote? Pa egzanp, ki kote?

   Wi, gen moun ___fou____toupatou/tout kote. Pa egzanp gen moun

   fou_ann_____ __Azi/Afrik/Ostrali/Amerik/Ewòp_____.

Seksyon 2 - Ekstrè Etid Vokabilè (Kesyon 11-20 – Total 20 pwen)

Mete mo oubyen lèt ki devan mo vokabilè ki manke a nan espas vid la. Chwazi oubyen ekri bon repons la dapre lekti ou te fè.

26. Sou latè gen **gwo**_ moun, gen moun **mens**_.

27. Gen moun ki _**dousman/aktif**_____e ki __**parese/travayan**__.

28. Ann Azi gen moun **fou**_, gen moun _**tèt drèt**_.

29. Moun ki **anraje**_ deraye fasil.

30. _____ lakay gen yon pye kenèp mal.

   a)- Anba   b)-Dèyè   **c)-Bò**

16. Yon kay _____ _____ pye kenèp la resevwa lonbraj.

   a)-anndan   b)-sou kote   **c)-tou pre**

17. _____ Moun nan Peyi Dayiti jwe bòlèt.

   a) Kèk   b) Tout   **c) Anpil**

18. Moun sa yo ta renmen _____ vit.

   a) mouri   b) pòv   **c) rich**

40

19. Prèske toupatou nou jwenn yon ____ bòlèt.

   a) biwo   b) boutik   **c) bank**.

20. Yo genyen nan bòlèt _____.

   a) kèk fwa   **b) raman**   c) toujou

Seksyon 3 - Ekstrè Etid Vèb (Kesyon 21-30 – Total 20 pwen)

Mete vèb ki manke yo nan espas vid yo.

24. Gen moun ki __ fanmi yo pou tèt bòlèt.

   a) adore   **b) meprize**   c) apresye

25. Nou sot __**pran**__ yon mwa repo.

26. Madanm mwen ak mwen _**tounen**__ byen fre.

24. Jounen an **kòmanse fèmen**_ popyè li.

25. A yon ti distans mwen _**wè**_ kèk moun ap **tounen** lakay.

26. Tout lajounen moun ap _____kenèp la.

   a)-joure   b)-gade   c)-netwaye

27. Moun ____ chèz yo anba pye bwa a.

   a)-jete   **b)-kage**   c)-apiye

28. Labriz diswa ap____ sou pye bwa a.

   a)-soufle   b)-kriye   c)-pale

29. Lè yon moun anraje **deraye**_ se pou yo **kenbe** li.

30. Pwovèb la_**di**__ "Tout moun se moun, tout moun pa menm".

41

Seksyon 4 - Ekstrè Egzèsis Pwononsyasyon (Kesyon 31-35 – Total 10 pwen)

Li fraz sa yo pou pwofesè ou. Oubyen anrejistre vwa ou sou voocaroo.com epi poste lyen an nan kazye ki koresponn a nimewo kesyon an.

Nimewo Kesyon	Egzanp fraz ak son ki koresponn	Evalyasyon pwofesè fas a fas	Repons sou vocaroo.com	Evalyasyon pwofesè sou vocaroo.com
31.	Pèpè pè wè sèsè.			
32.	**En**ben, **m**en **t**en an Al**en**.			
33.	**E**de Dede demele kle yo.			
34.	Tat**àn** ak Iv**àn** achte avw**àn**. **T**an**zan**tan jan**m** Vens**an** koule **san.**			
35.	L**i**li d**i** l**i** li nan yon liv. **Ku**it and**ui**ak **zu**it, mete yo nan **ui**t plat k**ui**v.			

Seksyon 5 - Ekstrè Seksyon Se Vre oubyen Se pa Vre (Kesyon 36-38 – Total 6pwen)

Di 'Se vre' oubyen 'Se pa vre' dapre lekti ou te fè yo.

39. Vakans apèn kòmanse. **(Se pa vre)**

40. Mwen wè kèk moun ki ap tounen lakay. **(Se vre)**

41. Sou latè gen moun mens sèlman. **(Se pa vre)**

Seksyon 6 - Ekstrè Mini-dyalòg (Kesyon 39-43 – Total 10 pwen)

Pratike pati A ak pati B nan chak mini dyalòg. Si w ap pratike ak pwofesè w, lè li di pati A w ap di pati B, lè li di pati B w ap di pati A. Si w a di dyalòg la sou vocaroo.com di toude pati yo youn apre lòt.

Mini-dyalòg	Seksyon pou pratike nan mini-dyalòg la.	Evalyasyon pwofesè fas a fas	Repons sou vocaroo.com	Evalyasyon pwofesè sou vocaroo.com
39.	A-Èske ou jwe bòlèt? B-Non mèsi.			
40.	A-Mwen kontan wè w. B-Mwen menm tou kliyan m yo.			
41.	A-Lanjelis fèk tonbe, pa vre? B-Wi, labrim diswa efase tout moun.			
42.	A-Èske gen pye bwa bò lakay ou? B-Wi, yon pye kenèp mal.			
43.	A-Èske ou renmen tanperaman nèg sa a? B-Non, se yon moun fou, li pale kwochi.			

Seksyon 7 - Ekstrè Aktivite 'Jwenn definisyon mo' (Kesyon 44-46 – Total 6 pwen)

Mare chak mo ak definisyon li.

44.	Repo		Yon gwoup moun k ap viv yon kote.
45.	Fòs		Pran yon detant, fè yon poze.
46.	Kominote		Enèji oubyen kouraj, puisans

Seksyon 8 – Ekri nan espas sa a pou ka reponn kesyon an. Itilize mo pa ou pou ekri sou youn nan tit sa yo. Tit sa yo, se tit tèks ou te li. (Total 8 pwen)

6.   Jwèt Bòlèt

7.   Tounen Nan Travay

8.   Lanjelis

9.   Yon Pye Kenèp Mal

10.   Aparans e Karaktè Moun

Vwayèl kreyòl ak aksan (è à ò)

Gran Total 100 pwen

Nòt Final

	/	100

Seksyon 1 - Ekstrè Lekti avèk kesyon (Kesyon 1-10, total 20 pwen)

Reponn kesyon yo dapre tèks yo ou te li deja. Gade ekstrè a pou w ka raple w de tèks la.

Petyonvil, 26 avril 1993

Manman Cheri mwen,

Kijan ou ye?

Se avèk yon gwo lakontantman, mwen pran plim mwen pou mwen ekri ou. Sa fè lontan depi nou pa koze. Men mwen konnen sa fè ou tris. Mwen menm, kè mwen ap rache. Men manman, ou mèt sèten, kè mwen rete tou pre kè ou. Mwen sonje ou anpil. Se chak jou nanm mwen louvri byen laj devan Bondye pou priye pou ou. Mwen pa konnen ni jou ni mwa, ni ane,

Vwayèl Kreyòl ak aksan (è à ò)

2. Ki moun ki ekri lèt la? Bay ki moun li voye li?

R: Se **Bibi** ki ekri **lèt** la. Li voye li bay **manman** li.

2. Ki kote manman an ap viv?

R: **Manman** an ap viv **Nouyòk**.

Nan Lopital

Li pa fasil pou vizite yon lopital. Fòk ou gen kè ak anpil kouraj. Pafwa lè ou wè moun yo ou gen lapenn. Gen moun k ap soufri tout jan. Ganyen ki kouche akoz aksidan. Ganyen se akòz malnitrisyon, oubyen tibèkiloz.

19. (Èske) li fasil pou vizite yon lopital?

R: Li **pa** fasil pou **vizite** yon **lopital**.

20. Kilè ou gen lapenn?

R: Lè ou **wè** moun yo.

Yon Ti Tonèl

Li fèt ak pay kokoye ki trese tribò babò.
Anpil fwa lè pa gen bwa solid tankou chèn
oubyen kajou, bòs yo sèvi ak gonmye.

21. Akisa/Ak kisa tonèl fèt?

Li fèt ak pay **kokoye**.

22. Kijan yo sèvi ak/trese pay kokoye pou fè tonèl?

Yo trese yo **tribòbabò**.

Bòs Fòmann

Lè chantye ap bati, enjenyè pa ka
rete toutan sou plas. Li bezwen yon bon
fòmann. Fòmann nan la pou sipèvize
detay travay yo, pandan enjenyè a ap
sipèvize pi gwo moso nan travay la.

23. Ki moun ki ede enjenyè nan chantye?

R: Bòs **fòmann** (ede **enjenyè** nan chantye).

24. Kisa ti ouvriye yo fè?

R: Ti **ouvriye** yo fè tout **travay** la./Tout **travay** la pase nan men ti **ouvriye** yo.

Yon Travay Faktori

M'ap travay nan faktori. Nan travay sila a nou fè boul bezbòl.
Anpil nan moun k'ap travay yo
nan bout di. Yo leve bonè. Yo pa
byen manje. Pafwa kout zegwi
fin devore tout dwèt yo.

25.(Ki)sa nou fè nan faktori a?

R: Nou fè **boul** bezbòl.

26. Kilè yo leve?

(Yo leve) **bonè** nan maten.

Seksyon 2 - Ekstrè Etid Vokabilè (Kesyon 11-20 – Total 20 pwen)

Mete mo oubyen lèt ki devan mo vokabilè ki manke a nan espas vid la. Chwazi oubyen ekri bon repons la dapre lekti ou te fè.

27. Ti frè mwen an renmen ale nan_____.

    a)-match   **b)-kous moto**

28. Ti frè mwen an bay moun kèk _____.

    a)-koutpye   **b)-kalòt**

29. Kounyeya Tijan se___**gwo**__ drayvè.

30. Lè trajè a (kout/**long**) moun frape lòt moun.

31. Bibi ekri yon _____.

    a)- woman   **b)-lèt**   c)- liv

32. Bibi ekri avèk _____

    a)-lajwa   b)-tristès   **c)- lakontantman**

33. Bibi renmen manman li _____.

    a)-yon ti kras   **b)- anpi**l   c)- enpe

34. Manman Bibi ap viv _____.

    a)-Lafrans   **b)-Nouyòk**   c)- Kanada

19. Kontrè **long** se **kout**.

20. Kontrè **pajanm** se **toujou**.

Seksyon 3 - Ekstrè Etid Vèb (Kesyon 21- 30 Total 20 pwen)

Mete vèb ki manke yo nan espas vid yo.

34. Bibi _____ pou manman li. **a)- priye** b)- panse   c)- kalkile

35. Pou _**vizite**_ yon lopital li pa fasil.

36. Ou __**gen**__ lapenn lè ou ___**wè**__ moun yo pafwa.

37. Gen moun ki ap _**soufri**___ akòz malnitrisyon.

38. Tonèl__**fèt**_ak pay kokoye ki _**trese**__ .

39. Bòs yo __**sèvi**____ ak gonmye lè pa __**gen**___ chèn ak kajou.

40. M ap_**travay**__ nan yon faktori.

41. Moun k ap travay yo __**leve**_bonè.

42. Moun yo pa byen _**manje**____ .

43. Dwèt yo ap_**senyen**__men yo_**bije**_fè travay la.

Seksyon 4 - Ekstrè Egzèsis Pwononsyasyon (Kesyon 31-35 Total 10 pwen)

Li fraz sa yo pou pwofesè ou. Oubyen anrejistre vwa ou sou voocaroo.com epi poste lyen an nan kazye ki koresponn a nimewo kesyon an.

Nimewo Kesyon	Egzanp fraz ak son ki koresponn	Evalyasyon pwofesè fas a fas	Repons sou vocaroo.com	Evalyasyon pwofesè sou vocaroo.com
31.	-**Y**asmin ak **Y**about ap ese**y**e ba**y** pa**y**èt. -M**w**en **wè** **W**obè **w**on tankou yon **W**ozvagenn.			
32.	-**J**ij **j**i**j**e **J**ak **J**akmèl. -**G**abi ak **G**istav **g**en yon **g**wo mal**g**òj **g**rav.			
33.	-**H**ing**h**ang -**dj**on**dj**on, **dj**ab			
34.	**B**ebe **b**o **B**aboun **b**ò **b**ouch.			
35.	**Kè**k **k**abrit **k**anpe an**kw**a nan **kw**en le**k**òl la.			

Seksyon 5 - Ekstrè Seksyon Se Vre oubyen Se pa Vre (Kesyon 36-38 – Total 6 pwen)

Di 'Se vre' oubyen 'Se pa vre' dapre lekti ou te fè yo.

39. Tonèl fèt ak pay kann. _____ **(Se pa vre)**

40. Bwa gonmye solid anpil. _____ **(Se pa vre)**

41. Tonèl pèmèt moun pare lapli. _____ **(Se pa vre)**

Seksyon 6 - Ekstrè Mini-dyalòg (Kesyon 39-43 – Total 10 pwen)

Pratike pati A ak pati B nan chak mini dyalòg la. Si w ap pratike ak pwofesè w, lè li di pati A w ap di pati B, lè li di pati B w ap di pati A. Si w a di dyalòg la sou vocaroo.com di toude pati yo youn apre lòt.

Mini-dyalòg	Seksyon pou pratike nan mini-dyalòg la.	Evalyasyon pwofesè fas a fas	Repons sou vocaroo.com	Evalyasyon pwofesè sou vocaroo.com
39.	A-Èske manman w ap viv ann Ayiti? B-Non l ap viv Ozetazini.			
40.	A-Ou malad Jil? B-Men wi Gaston, m gen lagrip.			
41.	A-Ki kote pòv yo ap viv? B-Anba yon ti tonèl.			
42.	A-Kijan santye a ye bòs? B-Tout bagay byen pou kounyeya.			
43.	A-Kote sè w la ap travay? B-Nan yon gwo faktori.			

Seksyon 7 - Ekstrè Aktivite 'Jwenn definisyon mo' (Kesyon 44-46 – Total 6 pwen)

Mare chak mo ak definisyon li.

44.	Lapenn	Zouti ak pwent pou moun koud.
45.	Zegwi	San k ap koule.
46.	Senyen	Lè kè pa kontan.

Seksyon 8 – Ekri nan espas sa a pou ka reponn kesyon an. Itilize mo pa ou pou ekri sou youn nan tit sa yo. Tit sa yo, se tit tèks ou te li. (Total 8 pwen)

6. Manman Cheri mwen (Yon lèt)

7. Nan Lopital

8. Yon Ti Tonèl

9. Bòs Fòmann

10. Yon Travay Faktori

Vwayèl Kreyòl ak aksan (è à ò)

Gran Total 100 pwen

Nòt Final

	/	100

Lekti Kreyòl

Repons Modil Tès 4, Chapit 16-20

Seksyon 1 - Ekstrè Lekti avèk kesyon (Kesyon 1-10, Total 20 pwen)

Reponn kesyon yo dapre tèks yo ou te li deja. Gade ekstrè a pou w ka raple w de tèks la.

Yon Kous Moto

De motosiklis yo pran wout la tankou de kòk kalite ki pral nan gagè. Ti frè mwen an renmen sa anpil. Anpil fwa li kite manje lakay li pou li pa pèdi anyen.

Vwayèl kreyòl ak aksan (è à ò)

1. Kisa ti frè mwen an renmen?

R: Li **renmen** kous **moto**./Ti frè mwen an **renmen** kous **moto**.

2. Kijan de motosiklis yo pran wout la?

R: Yo pran **wout** la tankou de **kòk** kalite.

Nan Makèt La

Gran sè mwen an renmen fè makèt. Li mache anndan tout makèt la anvan li achte. Li gade adwat, li gade agoch, li manyen bwat lèt yo. Li gade poul yo dèyè vitrin, li tcheke sache diri ak mayi yo.

3.(Ki)Sa gran sè mwen an renmen fè?

R: Gran sè mwen an/Li **renmen** fè **makèt**.

4.Ki moun ki ale ak li (avè l)?

R: Li renmen ale ak **ti frè** mwen an, Yabout.

Monte Bisiklèt

Anvan Tijan te konn monte bisiklèt, li pase anpil mizè. Li renmen sa, se sa ki fè li pa te dekouraje. Sa ki te pi difisil pou li nan yon premye tan, se te kite pye li sou pedal. Apre sa, se te kouri bekàn nan san pèsonn pa kenbe li. Tijan te pran anpil so.

5. Èske Tijan te janm dekouraje?

R: Non, Tijan pa t janm **dekouraje**.

6. K: Kisa ki te pi difisil pou Tijan?

R: Se te **kite** pye li sou **pedal** la.

Nan Mache

Se yon plas ki mete anpil chalè nan kè. Machann ki soti nan tout bouk yo rasanble ansanm. Genyen ki vin sou bèt, anpil vini apye tou. Yo tout reyini, yo tout ap vann. Pratik yo oubyen achtè gen anpil pou yo achte. Fwi, tankou mango, zaboka, zoranj, kenèp, siwèl, sapoti, ...yo tout byen bèl, yo tout byen fre, byen santi bon.

7. Ki kote machann yo sòti?

R: Machann yo **sòti** nan tout **bouk** yo.

8. Èske gen machann vyann nan mache a?

R: Wi, gen machann **vyann** nan **mache** a.

Pran Taptap

Nan peyi D Ayiti, pran taptap se yon gwo tèt chaje. Anpil fwa pa gen plas; kèk moun bije kwense kò yo nan yon ti kwen. Pafwa tou moun yo chita youn sou lòt. Lè trajè a long, lè wout la pa bon, anpil moun frape lòt san yo pa konnen.

9. Èske pran taptap fasil nan peyi D Ayiti?

R: Non, pran taptap pa **fasil** nan peyi D Ayiti.

10. Kijan moun yo chita pafwa?

Pafwa moun yo chita youn sou **lòt**.

Seksyon 2 - Ekstrè Etid Vokabilè (Kesyon 11-15 – Total 10 pwen)

Mete mo oubyen lèt ki devan mo vokabilè ki manke a nan espas vid la. Chwazi oubyen ekri bon repons la dapre lekti ou te fè.

11. Ti frè mwen an renmen ale nan_____.

    a)-match   **b)-kous moto**

12. Ti frè mwen an bay moun kèk _____.

    a)-koutpye   **b)-kalòt**

13. Lè trajè a (kout/**long**) moun frape lòt moun.

14. Gran sè mwen an renmen ale_____.

    a)-lekòl   b)-legliz **c)-nan makèt**

15. Sè mwen an renmen achte

    a)-diri ak pwa   b)-djondjon ak pistach   **c)-montadèl ak janbon.**

Seksyon 3 - Ekstrè Etid Vèb (Kesyon 16-25 – Total 20 pwen)

Mete vèb ki manke yo nan espas vid yo.

16. Motosiklis yo ___**pran**_ wout la tankou kòk kalite.

17. Ti frè mwen an **renmen**_ kous moto.

18. Tijan te konn __**monte**_ bisiklèt.

19. **Kite**__pye li sou pedal la te pi difisil.

20. Apre sa, se te _**kouri/woule**___san moun pa __**kenbe**_ li.

21. Mache ___**mete**___ chalè nan kè.

22. Machann yo_**rasanble**_, yo **soti**_nan bouk.

23. (Desann/**Pran**) taptap se yon gwo tèt chaje.

24. Anpil fwa kèk moun bije (kouche/**kwense**) kò yo.

25. Anpil moun pral (**rale**/pouse) lòt sòti.

Seksyon 4 - Ekstrè Egzèsis Pwononsyasyon (Kesyon 26-30 – Total 10 pwen)

Li fraz sa yo pou pwofesè ou. Oubyen anrejistre vwa ou sou voocaroo.com epi poste lyen an nan kazye ki koresponn a nimewo kesyon an.

Nimewo Kesyon	Egzanp fraz ak son ki koresponn	Evalyasyon pwofesè fas a fas	Repons sou vocaroo.com	Evalyasyon pwofesè sou vocaroo.com
26.	**D**eni **d**i **D**o**d**o **d**i **D**avi**d** **d**òmi a **d**izè e**d**mi.			
27.	Felòm fòse Feliks fè Fifi fè kafe			
28.	**L**esli a**l**e **l**arivyè ak **L**o**l**a.			
29.	**M**aryo **m**ete **m**ango **m**iska bò **m**akout **M**irèy.			
30.	Anons **n**òs **N**ani**n** **n**an kònen **n**an zòn **n**an.			

Seksyon 5 - Ekstrè Seksyon Se Vre oubyen Se pa Vre (Kesyon 31-33 – Total 6 pwen)

Di 'Se vre' oubyen 'Se pa vre' dapre lekti ou te fè yo.

31. Motosiklis yo pran wout la tankou de kabrit. **(Se pa vre)**

32. Mache se yon plas ki pa gen aktivite. **(Se pa vre)**

33. Nan mache machann tout bouk rasanble ansanm. **(Se vre)**

Seksyon 6 - Ekstrè Mini-dyalòg (Kesyon 34-38 – Total 10 pwen)

Pratike pati A ak pati B nan chak mini dyalòg la. Si w ap pratike ak pwofesè w, lè li di pati A w ap di pati B, lè li di pati B w ap di pati A. Si w a di dyalòg la sou vocaroo.com di toude pati yo youn apre lòt.

Mini-dyalòg	Seksyon pou pratike nan mini-dyalòg la.	Evalyasyon pwofesè fas a fas	Repons sou vocaroo.com	Evalyasyon pwofesè sou vocaroo.com
34.	A-Kote w prale Dani? B-Mwen prale nan yon kous moto.			
35.	A-Kote ou pral la a? B-M pral nan makèt?			
36.	A-Èske ou konn monte bekàn? B-Men wi monchè. M se gwo drayvè.			
37.	A-Ki kote manman w al nan mache? B-Li toujou ale Kwadèboukè.			
38.	A-Eske ou renmen pran taptap? B-Monchè mwen pa renmen sa non.			

Seksyon 7 - Ekstrè Aktivite 'Jwenn definisyon mo' (Kesyon 39-41 – Total 6 pwen)

Mare chak mo ak definisyon li.

39.	Bisiklèt		Pèdi fòs, pèdi kouaj.
40.	Panse		Yon aparèy de wou ki would.
41.	Dekouraje		Reprezante nan lespri w.

Seksyon 8 – Ekri nan espas sa a pou ka reponn kesyon an. Itilize mo pa ou pou ekri sou youn nan tit sa yo. Tit sa yo, se tit tèks ou te li. (Total 18 pwen)

1. Yon Kous Moto
2. Nan Makèt La
3. Monte Bisiklèt
4. Nan Mache
5. Pran Taptap

Vwayèl kreyòl ak aksan (è à ò)

Gran Total 100 pwen

Nòt Final

	/	100

Seksyon 1 - Ekstrè Lekti avèk kesyon (Kesyon 1-10, Total 20 pwen)

Reponn kesyon yo dapre tèks yo ou te li deja. Gade ekstrè a pou w ka raple w de tèks la.

Ale Nan Lanmè

Semèn nan pral fini. Pòl ak madanm ni deside ale nan plaj. Menm jan ak tout vwazen li yo, Pòl bezwen tranpe kò li nan yon ti dlo lanmè. Depi vandredi swa machin nan deja anbake. Samdi kou li jou yo pran wout lanmè pou yo. Lè yo rive te gen tan gen yon bon valè moun.

Vwayèl Kreyòl ak aksan (è à ò)

31. Ki)kote Pòl ak mandanm ni deside ale?

   R: Pòl ak madanm ni/Yo deside ale nan **plaj**.

32. Depi kilè machin nan anbake?

   R: Machin nan anbake depi **vandredi** swa.

Vwayaje Lòtbò Dlo

Apre ou fin gen paspò ak viza ladan, ou kapab vwayaje. Swa ou pral Lafrans, Kanada, Ozetazini, anpil nan demach yo sanble. Ou gen pou fè rezèvasyon sou youn nan avyon ki fè zòn sa yo. Pafwa moun pa jwenn plas, lè konsa, yo sou "stannbay". Moman ki pi bèl se lè ou rive ayewopò, tout moun nan liy. Lè avyon an rantre yon gwo opalè mande pasaje yo pou yo anbake.

33. Kisa m bezwen pou m vwayaje?

   R: Ou bezwen **paspò** ak tout **viza**.

34. Kilè avyon an vole/pran vòl?

   R: (Avyon an vole) Lè tout moun fin **anbake**.

Yon Timoun Fèt

Felòm ak Anita gen yon bon ti tan depi yo marye. Semèn sa a yo fèk gen yon ti bebe. Ti pitit la sanble ak papa li tèt koupe. De anmore yo gen yon bon van k'ap soufle nan kè yo.

35. Kijan madan Felòm rele?

R: Madan Felòm rele **Anita**.

36. Kisa ti bebe a reprezante?

R: Ti bebe a reprezante konbinezon **lanmou** de moun yo.

Yon Ka Lanmò

Iya mouri. Se yon ti granmoun ki te renmen moun anpil. Li te rete bò lakay. Manman mwen te toujou di mwen, ti granmoun sila a te konn kenbe mwen lè mwen te piti. Se pa mwen sèlman, gran frè mwen an, e anpil timoun nan tout vwazinaj la. Chak maten Iya leve nou ak yon tas kafe. Iya te vin malad, li pa t janm fin refè nèt. Mwen santi kè mwen t ap senyen.

37. Ki kote Iya te rete? / R: Iya te rete bò **lakay**.

38. Kisa li/Iya te konn fè lè mwen te piti?

R: Li/Iya te konn **kenbe** mwen lè mwen te piti.

Anbago

Kè sere, dlo nan je, trip kòde, nan bilan anbago sou do Ayiti an 1994. Pòtoprens, kapital la ki te bèl tankou pèl, vin pòtre yon timoun mazora, kwatchòkò ki ap fin pa depafini debou. Pou ki nou pa pran konsyans? Pou ki nou pa chanje metòd? Pou ki nou pa chanje konsepsyon?

39. Nan ki ane te gen anbago ann Ayiti.

R: Te gen anbago ann Ayiti an **1994**.

40. Kisa jenerasyon nou an dwe fè?

R: Jenerasyon nou an/Nou dwe kòmanse **plenn**.

Seksyon 2 - Ekstrè Etid Vokabilè (Kesyon 11-20 – Total 20 pwen)

Mete mo oubyen lèt ki devan mo vokabilè ki manke a nan espas vid la. Chwazi oubyen ekri bon repons la dapre lekti ou te fè.

41. Felòm ak Anita marye ___**depi**__ yon bon ti tan.

42. Yo __**fèk**__ gen yon ti bebe.

43. Ti pitit la sanble __**ak**__ papa li.

44. Felòm kriye: "Mwen ___**resi**___ papa".

45. Gade bebe __**nan**___ bèso a.

46. Kontrè deja se _**poko**_____.

47. Kontrè timoun se _**granmoun**____.

48. Ou tris se lè ou **pèdi** lajwa.

49. Yon moun ki **refè** se yon moun ki rejwenn lasante l.

50. **Flanm** se limyè yon bagay k ap brile bay.

Seksyon 3 - Ekstrè Etid Vèb (Kesyon 21-30 – Total 20 pwen)

Mete vèb ki manke yo nan espas vid yo.

51. Semèn nan pral ___**fini**___.

52. Pòl _**bezwen**_ tranpe_ kò li nan yon dlo lanmè.

53. Ou kapab **vwayaje**__ apre ou __**fin**_ gen viza.

54. Demach pou ale nan yon peyi oubyen yon lòt _**sanble**__.

55. Ti granmoun nan te __**renmen**__ moun anpil.

56. Manman mwen te toujou _**di**_ ti granmoun nan te _**konn kenbe**_m.

57. Li __**leve**___ nou ak yon tas kafe chak maten.

58. Pòtoprens ___**vin**___ pòtre yon timoun mazora.

59. Nou pa ___**pran**___ konsyans.

60. Se nou menm ki ___**fòme**___ jenerasyon sa a.

Seksyon 4 - Ekstrè Egzèsis Pwononsyasyon (Kesyon 31-35 – Total 10 pwen)

Li fraz sa yo pou pwofesè ou. Oubyen anrejistre vwa ou sou voocaroo.com epi poste lyen an nan kazye ki koresponn a nimewo kesyon an.

Nimewo Kesyon	Egzanp fraz ak son ki koresponn	Evalyasyon pwofesè fas a fas	Repons sou vocaroo.com	Evalyasyon pwofesè sou vocaroo.com
31.	**P**òl **p**ran tan **p**wonmennen e**pi p**ou li al nan **p**laj.			
32.	**T**atàn **t**iye **t**i **t**outrèl **t**on**t**on **T**oma a.			
33.	**R**at la **r**esi **r**ete nan **r**avin nan.			
34.	**S**ò Lamè**s**i **s**ou**s**e **s**iwo **s**ou kalba**s S**izàn nan.			
35.	-**V**enòl **v**ale **v**èmisèl **V**ava a **v**it **v**it. -**Z**owo kra**z**e **z**e, **z**èb ak **z**aboka nan **z**epina a.			

Seksyon 5 - Ekstrè Seksyon Se Vre oubyen Se pa Vre (Kesyon 36-38 – Total 6 pwen)

Di 'Se vre' oubyen 'Se pa vre' dapre lekti ou te fè yo.

39. Pòl bezwen bwè yon ti dlo lanmè. **(Se pa vre)**

40. Se pou ou fè rezèvasyon avan ou pati. **(Se vre)**

41. Anbago fè Pòtoprens bèl. **(Se pa vre)**

Seksyon 6 - Ekstrè Mini-dyalòg (Kesyon 39-43 – Total 10 pwen)

Pratike pati A ak pati B nan chak mini dyalòg la. Si w ap pratike ak pwofesè w, lè li di pati A w ap di pati B, lè li di pati B w ap di pati A. Si w a di dyalòg la sou vocaroo.com di toude pati yo youn apre lòt.

Mini-dyalòg	Seksyon pou pratike nan mini-dyalòg la.	Evalyasyon pwofesè fas a fas	Repons sou vocaroo.com	Evalyasyon pwofesè sou vocaroo.com
39.	A-Ou pa ta renmen ale nan plaj? B-Kibò sa a monnonk?			
40.	A-Èske ou vwayaje deja? B-Non, m poko.			
41.	A-Konpè o! Konbyen timoun ou genyen? B-Mwen gen kat: twa fi, yon gason.			
42.	A-Fredo, ki nouvèl ki gen bò lakay? B-Monchè, kè tout moun sere, Iya mouri.			
43.	A-Poukisa figi w fennen konsa? B-Monchè mwen tris anpil. A-Kisa ou genyen vye frè? B-Peyi m ki te bèl tankou pèl; gade li.			

Seksyon 7 - Ekstrè Aktivite 'Jwenn definisyon mo' (Kesyon 44-46 – Total 6 pwen)
Mare chak mo ak definisyon li.

44.	Semèn		Yon moun ki abite tou pre w.
45.	vwazen		Pote nan men.
46.	Kenbe		Yon total sèt jou.

Seksyon 8 – Ekri nan espas sa a pou ka reponn kesyon an.

Itilize mo pa ou pou ekri sou youn nan tit sa yo. Tit sa yo, se tit tèks ou te li. (Total 18 pwen)

6. Ale Nan Lanmè

7. Vwayaje Lòtbò Dlo

8. Yon Timoun Fèt

9. Yon Ka Lanmò

10. Anbago

Vwayèl kreyòl ak aksan (è à ò)

Gran Total 100 pwen

Nòt Final

	/	**100**

Konsiltasyon

Aski, J. M. (2003). Foreign language textbook activities: Keeping pace with second language acquisition research. *Foreign Language Annals, 36*(1), 57-65.

Brady, A. M. (2005). Assessment of learning with multiple-choice questions. *Nurse Education in Practice, 5*(4), 238-242.

DeGraff, M. (2007). Kreyòl Ayisyen, or Haitian Creole (Creole French). *Comparative creole syntax: Parallel outlines of, 18*, 101-126.

Dejean, Y. F. (1977). *Comment Ecrire Le Creole D'Haiti. (French Text).* Indiana University.

Ding, L., & Beichner, R. (2009). Approaches to data analysis of multiple-choice questions. *Physical Review Special Topics-Physics Education Research, 5*(2), 020103.

Schieffelin, B. B., & Doucet, R. C. (1992). The "real" Haitian Creole: metalinguistics and orthographic choice. *Pragmatics, 2*(3), 427-443.

Sumita, E., Sugaya, F., & Yamamoto, S. (2005, June). Measuring non-native speakers' proficiency of English by using a test with automatically-generated fill-in-the-blank questions. In *Proceedings of the second workshop on Building Educational Applications Using NLP* (pp. 61-68).

Vernet, P. (1980). Techniques d'écriture du créole haïtien. *Haiti: Le Natal.*

Worksheet Magic 1.2. 1999. Developed by GAMCO Educational Software.

www.ingramcontent.com/pod-product-compliance
Lightning Source LLC
Chambersburg PA
CBHW081240090426
42738CB00016B/3357